Bibliografische Information der Deutschen Nationalbibliothek:

Die Deutsche Bibliothek verzeichnet diese Publikation in der Deutschen National-
bibliografie; detaillierte bibliografische Daten sind im Internet über http://dnb.d-
nb.de/ abrufbar.

Impressum:

Copyright © 2010 GRIN Verlag, Open Publishing GmbH
Druck und Bindung: Books on Demand GmbH, Norderstedt Germany
ISBN: 978-3-640-70060-8

Dieses Buch bei GRIN:

http://www.grin.com/de/e-book/157558/bounded-rationality-theory-die-theorie-
der-begrenzten-rationalitaet-nach

Boris Lang, Martina Müller

Bounded Rationality Theory. Die Theorie der begrenzten Rationalität nach Herbert A. Simon.

GRIN Verlag

GRIN - Your knowledge has value

Der GRIN Verlag publiziert seit 1998 wissenschaftliche Arbeiten von Studenten, Hochschullehrern und anderen Akademikern als eBook und gedrucktes Buch. Die Verlagswebsite www.grin.com ist die ideale Plattform zur Veröffentlichung von Hausarbeiten, Abschlussarbeiten, wissenschaftlichen Aufsätzen, Dissertationen und Fachbüchern.

Besuchen Sie uns im Internet:

http://www.grin.com/

http://www.facebook.com/grincom

http://www.twitter.com/grin_com

Theorien der Wirtschaftsinformatik
Bounded Rationality Theory

SEMINARARBEIT

Professur für
Wirtschaftsinformatik und Management Support

Vorgelegt von:

Boris Lang

Martina Müller

Abgabetermin der Arbeit: *20.01.2010*

Inhaltsverzeichnis

Abkürzungsverzeichnis

BFT	Behavioural-Finance-Theory
ABC	Center for Adaptive Behavior and Cognition
bspw.	beispielsweise
bzgl.	bezüglich
bzw.	beziehungsweise
ca.	circa
d. h.	das heißt
engl.	Englisch
et al.	et altera
etc.	et cetera
EUR	Euro
evt.	eventuell
F.	Folie
ggü.	gegenüber
MMS	Multimedia Messaging Service
o. V.	ohne Verfasser
S.	Seite
sbr	Schmalenbach Business Review (Zeitschrift)
sog.	sogenannt
u. a.	unter anderem
usw.	und so weiter
v. a.	vor allem
vgl.	Vergleiche
vs.	versus
z. B.	zum Beispiel
z. T.	zum Teil

Abbildungsverzeichnis

Tabellenverzeichnis

„Ich kann die Bewegung der Himmelskörper berechnen,

aber nicht das Verhalten der Menschen. "

Isaac Newton (1643-1727)

1 Grundposition und Ziele

Der Fokus dieser Arbeit liegt auf der Darstellung der Theorie der begrenzten Rationalität, aufbauend auf den Ausführungen von Herbert A. Simon. Zu diesem Zweck werden im ersten Kapitel die Grundpositionen und Ziele vorgestellt. In diesem Rahmen wird der Grundgedanke der begrenzten Rationalität anhand einer Darstellung des Ultimatumspiels erläutert und es erfolgt eine nähere Betrachtung des Homo Oeconomicus sowie des Begriffs Rationalität an sich.

1.1 Ultimatumspiel

Um ein grundlegendes Verständnis für das Paradigma „rationales Entscheiden" zu schaffen, soll zu diesem Zweck im Folgenden das Ultimatumspiel aus der Spieltheorie vorgestellt werden. Dieses Spiel beschäftigt trotz des sehr simplen Spielaufbaus und der einfach gestalteten Grundidee Spieltheoretiker weltweit seit vielen Jahren.

Der Spielverlauf des Ultimatumspiels sieht vor, dass ein Betrag in Höhe von 100 Euro unter zwei Personen, Spieler A und Spieler B, aufgeteilt werden soll. Spieler A hat dabei die Aufgabe, den Betrag aufzuteilen und muss hierfür in einem ersten Schritt festlegen, wie viel von diesem Betrag er Spieler B anbieten möchte. Spieler B kann diesem Angebot anschließend zustimmen oder es ablehnen. Stimmt Spieler B zu, wird das Geld dem Vorschlag entsprechend aufgeteilt. Lehnt er jedoch ab, so gehen beide Spieler leer aus. Des Weiteren gelten ein striktes Verhandlungsverbot sowie ein vorgegebener Zeitraum, in welchem sich Spieler B entscheiden muss. Das Spiel ist weiterhin nicht wiederholbar, weshalb Lerneffekte und strategisches Verhalten ebenfalls ausgeschlossen sind.

Eine besondere Eigenschaft dieses sequentiellen Spiels besteht darin, dass Spieler B die Entscheidung von A bereits kennt, somit einen Informationsvorteil besitzt und seine Entscheidung danach richten wird. Erschwert wird die Entscheidungssituation durch den Zeitdruck, unter welchem Spieler B steht. Somit muss er für jedes mögliche Angebot von Spieler A eine Antwort festlegen. Wird dieses Spiel mit mehreren unterschiedlichen Spielpartnern durchgeführt resultieren zumeist sehr ähnliche Ergebnisse. Sobald Spieler B ein Angebot größer oder gleich 50% der Gesamtsumme erhält, wird der Aufteilung zugestimmt und beide Parteien erhalten den ihnen zugedachten Betrag. Die eine Hälfte aller beobachteten Teilnehmer entscheidet sich für eine Verteilung von 50:50, welche als fair empfunden wird. Die andere Hälfte wählt Verteilungen, die ihnen einen höheren Gewinn einbringt. Je unfairer die Verteilung für Spieler B ausfällt, desto geringer ist seine Bereitschaft zuzustimmen. Eine Verteilung von 0:100 wird nie akzeptiert, da der Spieler indifferent zwischen den Antwortmöglichkeiten ist. Indifferent bedeutet hierbei, dass er in allen Fällen eine Summe von 0 erhält und somit kein Interesse an einer Entscheidung hat.

Als Erklärung für das Verhalten der einzelnen Probanden werden verschiedene Begründungen genannt. So wählt der Großteil der Teilnehmer eine Verteilung, die von beiden Seiten als fair bzw. gerecht empfunden wird, um auf diese Weise das Risiko einer Ablehnung zu minimieren. Dies hat zur Folge, dass beide Partien mit einem höheren Nutzen aus dem Spiel gehen können. Genauer analysiert wurde dieser Zusammenhang von Wildmann, dessen empirische Untersuchungen in verschiedenen Gesellschaften der Welt ergeben haben, „dass die meisten Angebote um die vierzig bis fünfzig Prozent lagen, lagen Angebote unter dreißig Prozent, wurde üblicherweise abgelehnt" (Wildmann 2007, S. 140). Den Grundprinzipien des Homo Oeconomicus entsprechend müsste Spieler B jedoch auch eine Aufteilung von 1:99 akzeptieren. Trotz der offensichtlich unfairen Verteilung würde er sich schließlich gegenüber der Ausgangssituation verbessern und seinen materiellen Nutzen somit erhöhen. Nach Voigt verstehen Ökonomen unter Nutzen „die Fähigkeit eines Gutes, zur Befriedigung von Bedürfnissen beizutragen" (Voigt 2009, S. 20).

Es hat sich in diesem Spiel aber gezeigt, dass das Standardmodell des Homo Oeconomicus nicht anwendbar ist. Dieses „unterstellt den Wirtschaftssubjekten ein am rein materiellen Eigennutz ausgerichtetes Verhalten, das keinerlei Empfindungen für andere Akteure, also weder Missgunst noch Zuneigung oder Mitleid, berücksichtigt. Eine Vielzahl von Untersuchungen im Rahmen der experimentellen Wirtschaftsforschung steht im direkten Widerspruch zu diesen Annahmen. So gibt es [...] im Ultimatumspiel deutliche Hinweise darauf, dass Gesichtspunkte wie Gerechtigkeit oder Bestrafung von Fehlverhalten im tatsächlichen Verhalten von nicht vernachlässigbarer Bedeutung sind" (Gabler 2004, S. 2700).

Schon bei einfachsten und alltäglichen Situationen sind also Gefühle ähnlich wichtig wie Logik und Eigennutz. Dies widerspricht jedoch der Lehre und Theorie des Homo Oeconomicus. Dieser wird im folgenden Kapitel genauer vorgestellt.

1.2 Homo Oeconomicus

Mit der Einführung des Homo Oeconomicus wurde ein egoistischer, ausschließlich nach ökonomischen Gesichtspunkten handelnder Akteur geschaffen. Psychologische Faktoren, geistige Einschränkungen und Emotionen werden komplett vernachlässigt. Es wird unterstellt, dass der Homo Oeconomicus „bei gegebener bekannter Präferenzordnung, bei vollkommener Information und vollkommener Voraussicht [...] seine Kauf-, Verkaufs-, Produktions- und Konsumtionsentscheidungen völlig rational" trifft (Meier 2009, F. 51). Wenn also mehrere Alternativen zur Wahl stehen wird der Homo Oeconomicus sich stets für die günstigere im Sinne der Nutzenmaximierung entscheiden. Entscheidungen dienen dem Zweck, den eigenen Nutzen zu maximieren. Bei der Betrachtung des Homo Oeconomicus wird außerdem davon ausgegangen, dass vollkommene Markttransparenz herrscht, d.h. jederzeit vollständige Informationen über alle Märkte und Eigenschaften der gehandelten Güter verfügbar sind. Unter diesen Bedingungen ist der Homo Oeconomicus schließlich in der Lage, eine Zielfunktion zu definieren und diese, auch unter Nebenbedingungen, zu optimieren. Er reagiert systematisch und vorhersehbar auf Änderungen. Erhöht sich bspw. der Preis eines Gutes, sinkt gemäß Nachfragegesetz die Nachfrage und umgekehrt.

Dieses Idealbild des Homo Oeconomicus dient dazu, wirtschaftliche Zusammenhänge möglichst transparent darstellen zu können. Die vorab erläuterten Eigenschaften und die damit einhergehende Vorhersehbarkeit seiner Entscheidungen machen ihn zu einem wirtschaftswissenschaftlichen Analysekonstrukt. Nach Kirchgaessner (2008, S. 18) kann man „dies auch so formulieren, dass im Rahmen des ökonomischen Verhaltensmodells unterstellt wird, dass sich Individuen an veränderte Umweltbedingungen entsprechend ihren Zielvorstellungen (Präferenzen) in systematischer und damit vorhersehbarer Weise anpassen, wobei sich solche Veränderungen sowohl durch Handeln anderer Individuen z.b. durch politische Maßnahmen als auch durch Veränderungen der natürlichen Bedingungen ergeben können."

Für viele Ökonomen ist das Modell des Homo Oeconomicus somit nur eine stark vereinfachte Version des Menschen, mit dessen Hilfe es möglich wurde menschliches Verhalten durch mathematische Formeln auszudrücken. „Der Homo Oeconomicus stellt ein Modell vom Menschen dar, das nur zu ganz spezifischen Forschungszwecken entwickelt worden ist und nur für diese eingeschränkten Forschungszwecke mehr oder weniger tauglich sein kann" (Giersch 1991, S. 13). Anders sieht das hingegen Andreas Novy, Professor für Internationale politische Ökonomie an der Wirtschaftsuniversität Wien. Ihm zufolge bildet der Homo Oeconomicus nicht nur das zentrales Theorem der neoklassischen Wissenschaftstheorie, sondern auch das „Kernelement liberalen Gedankenguts […] die Grundlage, nach dessen Vorbild Menschen gebildet und geformt werden: als eigennützige und nutzenmaximierende Wesen" (Novy und Jäger 2005, S. 16). Des Weiteren „besteht der Charme des Homo Oeconomicus darin, auf alle Felder menschlichen Handelns anwendbar zu sein" (Novy und Jäger 2005, S. 16). Genau darin besteht jedoch die Problematik, denn jener „ökonomische Ansatz ist auch erfolgreich auf Gebiete menschlicher Interaktion außerhalb des Marktes angewandt worden" (Frey und Benz 2001, S. 2). Vor allem im Kontext der Finanzkrise wird dieses Konstrukt kritisch hinterfragt. So fordert eine Vielzahl von Wirtschafts-, Sozial- und psychologischen Wissenschaftlern eine Abkehr von diesem realitätsfernen Verhaltensmodell. Axel Ockenfels, Träger des Leibniz Preises und ehemaliger Mitarbeiter von Reinhard Selten, beschreibt den Homo Oeconomicus als „eine Fiktion, die so nicht existiert" (Ockenfels 2005, S. 1), da „der Mensch vermutlich nie so rational und so eigennützig (ist) wie der Ökonom ihn gerne hätte." Reinhard Selten, der im Jahr 1994 zusammen mit John Nash und John Harsanyi den Wirtschaftsnobelpreis erhielt, sagt, „wir müssen schauen, wie man von der Figur des Homo Oeconomicus wegkommt, zu einer realistischeren Theorie" (Selten 2008, S. 1). Eine Erweiterung des Modells um Aspekte anderer Wissenschaften wie bspw. der Psychologie oder auch der Philosophie, würde wohl ein realitätsgetreueres Abbild zeichnen. Bemerkenswert ist außerdem die hohe Zahl an Wirtschaftsnobelpreisträgern, die sich mit genau dieser Erweiterung des theoretischen Konstruktes befassten. Beispiele hierfür sind Daniel Kahneman (2002), Reinhard Selten (1994), Gary S. Becker (1992) und Herbert A. Simon (1978), um nur einige davon zu nennen. Um näher auf den Begriff der begrenzten Rationalität eingehen zu können, erfordert es das sehr abstrakt erscheinende Konstrukt „rationales Entscheiden" genauer zu erläutern. Im nächsten Abschnitt soll die Frage beantwortet werden, wodurch sich Rationalität auszeichnet.

1.3 Rationalität

Mit Hilfe des Ultimatumspiels konnte aufgezeigt werden, dass sich Menschen nicht so verhalten, wie es entsprechend der Theorie des Homo Oeconomicus von ihnen zu erwarten wäre. Erstmals stellte in diesem Zusammenhang der bereits genannte Herbert A. Simon fest, dass die normativen Theorien der Mikroökonomik nicht geeignet sind, um das Verhalten des Menschen realistisch zu beschreiben (Simon 1959, S. 254). Diese spiegelten seiner Ansicht nach nur das geforderte, idealisierte, jedoch nicht das tatsächliche Verhalten des Menschen wieder. Simon entwickelte davon ausgehend eine Theorie, die die begrenzten Abstraktionsfähigkeiten des Menschen einbeziehen sollte und stellte diese im Jahr 1956 als „Bounded Rationality Theory" vor (Simon 1982). Im Jahr 1978 bekam Simon für seine Ausführungen zu diesem Thema den Nobelpreis in Wirtschaftswissenschaften verliehen. Das Komitee würdigte ihn für seine "pioneering research into the decision-making process within economic organizations" (Nobel Foundation 1978).

Um ein grundlegendes Verständnis für die Entstehung dieser Theorie zu schaffen, erscheint eine genauere Betrachtung des Begriffes „Rationalität" notwendig.

Der Begriff Rationalität lässt sich aus dem Lateinischen von „rationalitas" (Denkvermögen) bzw. „ratio" (Vernunft) ableiten. Im Wörterbuch der Soziologie wird Rationalität als „Orientierungsprinzip für individuelles und soziales Handeln" (Hillmann 2007, S. 831) definiert. Nach Gablers Wirtschaftslexikon bezieht sich „der Begriff Rationalität auf das Verhalten von Wirtschaftssubjekten (Produzenten und Konsumenten) in Entscheidungssituationen. Der ökonomischen Rationalität liegt allgemein das Streben nach größtmöglichem Nutzen bei beschränkten Handlungsalternativen zugrunde" (Gabler 2004, S. 2480). Max Weber, Mitbegründer der Soziologie, unterscheidet weiterhin vier Formen der Rationalität. So bezeichnet er „jede Lebensführung, die weltliche Aktivität mit Bezug auf die rein pragmatischen Interessen des einzelnen betrachtet und beurteilt, als praktisch rational" (Weber et al. 1981, S.9). Dieser Typ von Rationalität ist eine „Manifestation der menschlichen Fähigkeit, zweckrational zu handeln" (Weber et al. 1981, S.10). In der theoretischen Rationalität wird „die Wirklichkeit durch Denken beherrscht [...] wodurch sie die Möglichkeit enthält, Handlungsregelmäßigkeiten indirekt herzustellen (Weber et al. 1981, S.16). Mit der materialen Rationalität werden „Handlungen direkt zu Handlungsmustern" geordnet. Zudem „ist dieser Typus der Rationalität Ausdruck der menschlichen Fähigkeit, wertrational zu handeln (Weber et al. 1981, S.16). Die letzte der vier Formen bezieht sich auf ein Entscheidungsverhalten, welches sich „durch Bezugnahme auf eine universal angewandte Regel, Vorschrift oder Gesetz" begründet (Weber et al. 1981, S.18).

Die folgende Tabelle bietet eine Übersicht über die von Weber definierten Typen der Rationalität.

Typus der Rationalität	Kognitive Prozesse	Beziehung zum handeln	Bezugspunkt für die kognitive Prozesse
Theoretisch	Verschiedene abstrakte Prozesse	Indirekt	Werte oder theoretische Probleme
Praktisch	Zweckrationale Berechung	Direkt	Interessen
Formal	Zweckrationale Berechnung	Direkt	Regeln, Gesetze, Vorschriften
Material	Unterordnung der Werte	Direkt	Werte

Tabelle 1-1 *In Anlehnung an Weber et al. (1981), Die vier Formen der Rationalität*

Für Rationalität gibt es keine allgemeingültige Definition, es müssen immer Kontext und Fachgebiet der Verwendung betrachtet werden. Im Folgenden sollen abschließend drei verschiedene Definitionen vorgestellt werden, um einen Überblick über die unterschiedlichen Interpretationen des Begriffs zu verschaffen.

„Die Vielfalt der Arten, Aspekte und Perspektiven von Rationalität kann ein wenig durch die folgenden Begriffe umrissen werden: Gesellschaftliche Rationalität, individuelle, kollektive, technische Rationalität, philosophische, metaphysische, wissenschaftliche, ökonomische, ökologische, kritische Rationalität, empirische, normative, relationale, prozedurale, reflexive, diskursive Rationalität, europäische, chinesische, postmoderne, aufgeklärte, instrumentelle Rationalität, verantwortete Rationalität, Zweck- Mittel- Rationalität, formale Rationalität, rational vs. irrational vs. non-rational; rational vs. Rationalistisch" (Zecha 2001, S.143).

„Den ökonomischen Theorien liegt ein Rationalitätskonzept zugrunde, das durch die Zweck-Mittel-Relation gekennzeichnet ist" (Riesenhuber 2006, S.32).

„Es ist nun aber alles menschliche Schaffen und Handeln charakteristisch, daß es sich in der Zweck-Mittel-Relation vollzieht. Diese letztere Relation wird den Dingen oder Verhältnissen auf betriebswirtschaftlichem Gebiete von Menschen erst zuerteilt; ihr gegenüber sind die Dinge als solche indifferent. An sich liegt nun das Denken in der Zweck-Mittel-Relation allem Menschlichen Entschlüssefassen oder vernünftigen Handeln zugrunde, und zwar nicht nur im wirtschaftlichen Leben, sondern im menschlichen Leben überhaupt" (Gutenberg 1967, S.30).

Eine weitere mögliche Aufspaltung des Rationalitätsbegriffs erfolgt in vollständige und begrenzte Rationalität. Ehe die begrenzte Rationalität im Rahmen des zweiten und dritten Kapitels ausführlich vorgestellt wird, soll vorab der Begriff der vollständigen Rationalität kurz näher erläutert werden.

Unter vollständiger Rationalität versteht man einen oder mehrere rationale Akteure mit unbeschränktem Zugang zu Informationen. Somit werden Transaktionskosten wie Entscheidungs-, Anbahnungs-, Motivations-, Kontroll- und Suchkosten nicht berücksichtigt. Die Individuen kennen die Entscheidungssituation, sind zielorientiert und beziehen Handlungen und Annahmen der anderen Akteure ins Kalkül mit ein. Das Hauptanliegen besteht in der eigenen Nutzenmaximierung und zudem sind die Präferenzen bereits bekannt. Damit entspricht dieses Prinzip im Wesentlichen dem Modell des Homo Oeconomicus. Relevante Theorien, die unter der Annahme einer vollständigen Rationalität erschaffen wurden, sind unter anderem das Bayes-Modell des Mathematikers Thomas Bayes. Kritisiert werden hierbei häufig die Informationsannahmen, welche unrealistisch erscheinen. So geht „keine ernst zu nehmende Entscheidungstheorie [...] mehr von den heroischen Informationsannahmen aus, die einst die Standardmodelle der neoklassischen Theoriewelt charakterisierten. Dass Akteure über vollständige Informationen sämtlicher gegenwärtiger und zukünftiger Umweltbedingungen verfügen, sowie die Strategien der anderen Akteure vollständig in ihre Entscheidungen einbeziehen können, ist anerkanntermaßen nicht der Fall. Wir müssen von begrenzter Rationalität und Ungewissheit ausgehen" (Scherzberg 2006, S.123).

Ausgehend davon sollen nun im weiteren Verlauf die Entwicklungspfade der begrenzten Rationalität vorgestellt werden.

2 Entwicklungspfade

Simons Theorie der begrenzten Rationalität zeichnet sich besonders dadurch aus, dass sie großen Einfluss auf viele unterschiedliche Bereiche des Privat- und Geschäftslebens hat. In diesem Kapitel erfolgt eine Erläuterung der Fundamente dieser Theorie, eine Vorstellung verschiedener Weiterentwicklungen sowie eine Analyse, in welchem Rahmen die Theorie in der Wissenschaft Anwendung findet.

2.1 Begrenzte Rationalität

Simon ist der Überzeugung, dass Menschen im Grunde ein rationales Verhalten beabsichtigen, es aber nur innerhalb sehr enger Grenzen umsetzen können. Dem Menschen kann ein grundsätzliches Streben nach Rationalität nicht abgesprochen werden, sondern lediglich das Unvermögen, in jeder Situation vollständig rational zu handeln. Somit darf begrenzte Rationalität keineswegs mit Irrationalität verwechselt werden. Der Mensch trifft nicht absichtlich nicht-rationale Entscheidungen, sondern wird in seiner Entscheidungsfreiheit beschränkt. Entscheidungssituationen, die unter starkem Zeitdruck oder hoher Komplexität stattfinden, können nicht ausreichend erfasst, bewertet und eingeordnet werden. Häufig werden nicht die besten Mittel zum Erreichen der eigenen Ziele gefunden. Selbst wenn Individuen die besten Mittel kennen, sind sie aufgrund ihrer eingeschränkten Willenskraft nicht in der Lage, diese Mittel auch anzuwenden. Des Weiteren legen viele Menschen nicht nur Wert auf materiellen Eigennutz, sondern lassen ihr Handeln auch von einem Fairness-Empfinden und Gerechtigkeitsgefühl leiten. Trotz der erfolgreichen Anwendung der Theorien des Homo Oeconomicus auf sozial- und wirtschaftswissenschaftliche Fragestellungen innerhalb- sowie außerhalb des Marktes, sind seine Nachteile in zunehmendem Maße sichtbar geworden. Grund für die verstärkte Kritik der neoklassischen Annahmen sind empirische Untersuchungen des „ökonomischen Imperialismus", bspw. in der Verhaltenspsychologie. Das völlig rationale Entscheidungsverhalten und die Theorie der persönlichen Nutzenmaximierung, welche durch die Neoklassische Theorie zugrunde gelegt werden, wurden durch zahlreiche Versuche und Tests sowohl in Frage gestellt, als auch widerlegt.

Die in diesem Kapitel erwähnten Grenzen des Menschen sind wesentlich für das allgemeine Verständnis der Theorie. Zu diesem Zweck erfolgt im nun folgenden Kapitel „2.2 Kognitive Beschränkungen" eine genauere Erläuterung dieses Sachverhalts.

2.2 Kognitive Beschränkung

Die intellektuellen Kapazitäten des Menschen sind begrenzt. Es mag von Mensch zu Mensch zwar Unterschiede geben, erforderliche Informationen sind trotz alledem nicht ohne Weiteres verfügbar bzw. werden nicht ausreichend ausgeschöpft, was zu unvollständiger Information und Unsicherheit führt. Ein großes Problem der kognitiven Entscheidungsfähigkeit stellt das menschliche Kurzzeitgedächtnis dar. Dieses behält wenige Informationen für einen geringen

Zeitraum (wenige Sekunden) und ist nur begrenzt abrufbar. Bei der Übertragung der Informationen in das Langzeitgedächtnis erfolgt automatisch eine Selektion im Bezug auf die vermeintliche Relevanz. Dies hat zur Folge, dass Informationen nur in einem bestimmten Umfang verarbeitet und gespeichert werden können. Somit sind entscheidungsrelevante Informationen häufig nicht oder nur teilweise abrufbar. Laut Simon sind nicht nur die materiellen Ressourcen knapp, sondern auch die Zeit und die kognitiven Verarbeitungskapazitäten des Entscheiders: „What the person cannot do he will not do, no matter how much he wants to do it" (Simon 1996, S. 36).

Häufig fassen Individuen langfristige Pläne, unterliegen dann aber kurzfristigen Reizen. Beispiele hierfür sind Übergewichtige, die zwar im langfristigen Interesse ihrer Gesundheit abnehmen wollen, aber dem kurzfristigen Reiz ungesunden Essens erliegen. Diese Probleme der Selbstkontrolle werden „hyperbolisches Diskontieren" oder „zeitinkonsistente Präferenzen" genannt. „Hyperbolische Diskontierungsraten weisen relativ hohe Diskontierungsraten über kurze Horizonte sowie relativ niedrige Diskontierungsraten über lange Horizonte auf" (Kugler 2007, S.71). Dies führt unweigerlich zu Konflikten zwischen heutigen und zukünftigen Präferenzen, was auch Auswirkungen auf die Wirtschaft hat. So ist es häufig zu beobachten, dass Arbeitnehmer bereits in der Mitte des Monats den Großteil des Gehalts ausgegeben haben und anschließend den Konsum drastisch herunter fahren. Gleiches wird bei der Altersvorsorge beobachtet. Somit erliegen Individuen also kurzfristigen Konsumpräferenzen, vernachlässigen dabei aber die langfristige Planung und Vorsorge.

Wie sich Menschen in ihrer extern vorgegebenen Umwelt entscheiden wird zurzeit am Max-Planck-Institut für Bildungsforschung erforscht, hier wurde auch der Begriff der ökologischen Rationalität geprägt, auf den nun eingegangen werden soll.

2.3 Ecological Rationality

Trotz der begrenzten Rationalität, die menschlichen Entscheidungen zugrundeliegt, sind diese in der Lage, genaue und gute Urteile zu fällen. Nach Siegenthaler liegt der Schlüssel zu diesem Erfolg „in ihrer ökologischen Rationalität, das heißt in ihrer Anpassung an die Struktur der Information in der Umgebung, in der sie arbeiten" (Siegenthaler 2005, S.65). Gerd Gigerenzer, Psychologe und Direktor am Max-Planck Institut für Bildungsforschung in Berlin, benennt dieses Phänomen als „ecological rationality" und sieht darin „possibly the most important idea for understanding why and when bounded rationality works" (Gigerenzer und Selten 2002, S. 46).

Der Mensch beschränkt sich bei seiner Entscheidungsfindung auf wenige ihm zur Verfügung stehende und schnell verarbeitbare Informationen. So wurden einfache Strategien entwickelt, mit deren Hilfe der Mensch nichtsdestotrotz in der Lage ist, äußerst genaue Urteile zu fällen. Menschen passen sich in ihrem Entscheidungsprozess an die bestehenden Umweltbedingungen an. So ist die Rationalität von Heuristiken unabhängig von den „inhaltsblinden Normen" wie Mathematik und Logik, nämlich durch das Maß, in dem sie an die Umwelt angepasst sind (Gigerenzer, 2006, S. 129). Laut Gigerenzer sind diese einfachen und schnellen Heuristiken häufig zuverlässiger als Modelle mit vielen unterschiedlichen Parametern und führen zu überraschend genauen Ergebnissen. Wenn eine Information ein Ergebnis gut vorhersagt, so ist es nicht unbedingt sinnvoll, noch weitere Informationen hinzuzuziehen.

Als Unterform der ökologischen Rationalität, verfeinert die soziale Rationalität die Entscheidungsumgebung der Menschen. So leben wir in einer Umwelt, die stark durch eigene sowie fremde Urteile geprägt ist und wird. Es müssen also auch andere soziale Individuen in der eigenen Entscheidungsfindung berücksichtigt werden. Dies beinhaltet auch das menschliche Gerechtigkeits- sowie Unrechtsempfinden. Um ein möglichst friedliches Zusammenleben zu erreichen, müssen Entscheidungen moralisch rechtfertigbar, gesellschaftlich vertretbar uns sozial verträglich sein.

In der Forschung zur sozialen Rationalität sind weniger die kognitiven Beschränkungen des Menschen von Interesse, als soziale Normen und Emotionen. Auf diese wird im nächsten Kapitel näher eingegangen.

2.4 Relevanz von Emotionen in Entscheidungssituationen

Emotionen werden häufig als Hindernis für die menschliche Rationalität gesehen. Sie können aber als effektive Stoppregeln bei der Informationssuche dienen und die Auswahl eingrenzen. Gefühle wie Ekel, Liebe, Angst, Scham, etc. schränken den Menschen in seiner Entscheidungsfreiheit ein, beschützen ihn aber gleichzeitig vor größerem Schaden (natürlicher Schutzmechanismus des Menschen). Eine einheitliche Definition existiert aufgrund der unterschiedlichen Ausprägungen dieses Begriffs nicht. Die Autoren Paul und Anne Kleinginna sammelten 1981 (S.345-379) 100 gültige Definitionen und versuchten diese in einer zusammenzufassen. Nach Ihnen ist Emotion „ein komplexes Interaktionsgefüge subjektiver und objektiver Faktoren, das von neuronal/humoralen Systemen vermittelt wird, die:

➢ affektive Erfahrungen, wie Gefühle der Erregung oder Lust/Unlust, bewirken können;
➢ kognitive Prozesse, wie emotional relevante Wahrnehmungseffekte, Bewertungen, Klassifikationsprozesse, hervorrufen können;
➢ ausgedehnte physiologische Anpassungen an die erregungsauslösenden Bedingungen in Gang setzen können;
➢ zu Verhalten führen können, welches oft expressiv, zielgerichtet und adaptiv ist."

Emotionen unterstützen schnelle, automatische und überlebenswichtige Entscheidungen, die speziell in Gefahrensituationen zu überlebensfördernden Reaktionen führen, beeinflussen somit aber auch das menschliche Urteilsvermögen und fördern die begrenzte Rationalität. Ist ein Entscheider in einer freudig erregten Stimmung, fördern Gefühle wie Stolz die Entscheidungsfindung, da der Mensch flexibler und kreativer auf Probleme reagiert. Negative Emotionen wie Angst wirken sich auf die Suche nach Alternativen aus und fördern einen längeren Entscheidungszeitraum. Die menschlichen Entscheidungen sind teilweise vorhersagbar, es ist aber bis dato noch keinem Wissenschaftler gelungen, das menschliche Verhalten mathematisch korrekt darzustellen. Durch die hohe Zahl von Variablen und unbestimmten Einflussfaktoren ist ein Modell, vergleichbar mit dem des Homo Oeconomicus, fast unmöglich. Womit sich die Forscher beschäftigen und welche Auswirkungen diese Theorie der begrenzten Rationalität auf die Wissenschaft hat, soll in den folgenden Kapiteln geklärt werden.

2.5 Anwendung der Theorie in der Wissenschaft

Nachdem die grundlegenden Begriffe geklärt wurden, soll nun die Relevanz des Themas in der wissenschaftlichen Praxis aufgezeigt werden. Fachbereiche wie die Soziologie, Wirtschaftswissenschaft, Spieltheorie, Entscheidungstheorie und die Psychologie haben sich in den letzten Jahren verstärkt mit dem Thema begrenzte Rationalität des Menschen befasst. Wissenschaftliche Aussagen beruhen häufig auf zuvor definierten Annahmen, welche in dem darauf folgenden Experiment nicht mehr überprüft werden können. Diese Annahmen sind meist stark vereinfacht und dienen nur analytischen Zwecken. Auf der Grundlage dieses Modells lassen sich anschließend Forschungsfragen ableiten. Je einfacher das Modell, desto praktikabler ist es für die Forschung. Dies führte nun aber auch zu der rustikalen Darstellung des Menschen, welcher in Gestalt des Homo Oeconomicus erhebliche Mängel bezüglich der Mannigfaltigkeit des menschlichen Denkens aufweist. Die so präsentierten Menschenbilder wiesen eine starke Beschränkung der Handlungsoptionen des Menschen auf. Den realen Menschen darzustellen und zu erforschen, ist das Ziel der Verhaltensökonomik, welche im nachfolgenden Kapitel genauer erläutert werden soll.

2.5.1 Verhaltensökonomik

Mit der deskriptiven Entscheidungstheorie, „der Theorie, die sich damit beschäftigt, wie Menschen tatsächlich entscheiden und nicht damit, wie sie sich entscheiden sollten, wenn sie vollständig rational wären" (Voigt 2009, S.117), wurde ein Gegenmodell zur normativen Entscheidungstheorie entwickelt. Die normative Entscheidungstheorie beruht auf der Rational-Choice-Theorie und geht davon aus, dass der Entscheidungsträger rational handelt. Hierbei wird die vollständige Rationalität als Grundeinstellung angesehen.

In der deskriptiven Entscheidungstheorie wird nun versucht, die klassische Ökonomie um psychologische und soziologische Faktoren zu erweitern. Als relativ neues Teilgebiet der Wirtschaftswissenschaft, beschäftigt sich die Verhaltensökonomik mit menschlichem Verhalten in wirtschaftlichen Situationen, wobei den Thesen des Homo Oeconomicus widersprochen wird. Unterstellt wird ein realistisches Menschenbild, in welchem der Mensch einerseits natürlichen Beschränkungen unterworfen ist und andererseits seine Präferenzen aufgrund individueller Umstände verändert. Das Ziel besteht darin, die Folgen der begrenzten Rationalität für den Markt zu erforschen.

Im folgenden Kapitel erfolgt eine Darstellung ausgewählter Verhaltensanomalien, da diese eine weitere Ausprägung begrenzter Rationalität darstellen.

2.5.2 Verhaltensanomalien

"Kahneman und Tversky [...] haben im Rahmen von experimentellen Untersuchungen nachweisen können, dass Individuen sich systematisch anders verhalten, als dies von der ökonomischen Theorie vorhergesagt wird (Verhaltensanomalien)" (Enste 2002, S.104). Beide stellten zudem fest, „dass die meisten Versuchspersonen unterschiedliche Entscheidungen in identischen oder ähnlich gelagerten Situationen trafen, wenn diese Situationen auf unterschiedliche Art und Weise beschrieben wurden" (Morton 2005, S.73). Durch weitere Veröffentlichungen und wissenschaftliche Beiträge wurde gezeigt, „dass diese Abweichungen (Anomalien) vom rationalen Verhalten systematisch und nicht zufällig verteilt sind".

Einige dieser typischen Abweichungen des menschlichen Handelns vom theoretischen Idealbild sollen im folgenden Abschnitt vorgestellt werden. „Wissenschaftstheoretisch stellen Anomalien empirische Beobachtungen dar, die mit den Hypothesen eines Forschungsprogramms nicht vereinbar sind" (Sydow et al. 2005, S.11).

Relevante Verhaltensanomalien	Beschreibung
Opportunitätskosteneffekt	Geringere Bewertung von Opportunitätskosten gegenüber Bargeldauszahlungen. Entgehende Gewinne werden, im Gegensatz zu auszahlungswirksamen Kosten, unterschätzt.
Verlustaversion (Loss Aversion)	Akteure gewichten Verluste stärker als Gewinne. Steuererhöhungen werden immer schlechter als Steuersenkungen wahrgenommen.
Darstellungseffekt (Framing Effect)	Probleme werden anhand ihrer dargestellten Form beurteilt. Eine positive Darstellung wird einer Negativen ggü. favorisiert. Die Form der Präsentation desselben Sachverhaltes beeinflusst die Entscheidung über Annahme und Ablehnung.
Versunkene Kosten (Sunk Costs)	Akteure berücksichtigen bei der Entscheidungsfindung vergangene und nicht mehr rückgängig zu machende Kosten. Die Bereitschaft, Projekte weiter voranzutreiben, steigt mit der Höhe der „Sunk Costs". Dies hat zur Folge, dass Projekte häufig zu spät abgebrochen werden.
Positive Illusionen	Selbstüberschätzung der eigenen Fähigkeiten (unrealistisches Selbstbild). Dies wird zum finanziellen Risiko, wenn der unerfahrene Akteur der Überzeugung ist, auf die Erfahrung anderer verzichten zu können. (Investitionen, Börsenspekulationen)
Herdenverhalten	Akteure orientieren sich vorschnell am/an Verhalten/Entscheidungen anderer. ‚ Wenn alle etwas durchführen, muss es gut sein‘. Akteur vernachlässigt das eigene logische Denkvermögen.
Pfräferenzumkehr	Akteure bevorzugen bei einer Lotterie den Gewinn einer kleinen Summe mit höherer Wahrscheinlichkeit. Der Gewinn einer großen Summe mit geringerer Wahrscheinlichkeit wird trotz gleichen Nutzenniveaus meist ausgeschlagen. ($0.1*100=10$ wobei $0.01*1000=10$)
Besitzeffekt	Akteure messen einem Gut, welches in ihren Besitz übergeht, einen

(Endownment Effect)	deutlich höheren Wert zu, als dafür bezahlt wurde.
Status-Quo-Effekt (Status Quo Bias)	Zusammenspiel von Besitzeffekt und Verlustaversion. Der bestehende Zustand wird aus Angst vor Verlusten und Überschätzung des eigenen Besitzes ggü. jeglicher Veränderung bevorzugt.

Tabelle 2-1 *In Anlehnung an Sydow et al. (2005), Ökonomisch relevante Verhaltensanomalien*

Stellt man z.b. die Frage, ob ein Individuum lieber eine Wette mit 20 % Gewinnchance oder eine Wette mit 80 % Verlustrisiko spielt, wird die Wahl in den meisten Fällen auf die erste Möglichkeit fallen. Für Unternehmen ist die positive Präsentation der eigenen Produkte somit von enormer Bedeutung. Der Mensch lässt sich durch unterschiedlichste Faktoren in seiner Rationalität beeinflussen, was für die gezielte Steuerung seiner Entscheidungen missbraucht werden kann.

Dies wird auch bei einer Betrachtung des Geschehens auf den Finanzmärkten deutlich. Näher erläutert wird dies durch die Behavioural-Finance-Theorie (BFT).

2.5.3 Behavioural-Finance-Theorie

In der BFT beschäftigt man sich vereinfacht ausgedrückt mit dem Anlegerverhalten auf den Kapitalmärkten. Hierbei werden vor allem die typischen Verhaltensweisen der Aktionäre untersucht. Diese handeln entgegen der neoklassischen Kapitalmarkttheorie, welche „durch homogene Investoren, vollkommene Information, unabhängiges (rationales) Verhalten, Fehlerausgleich auf der Marktebene und Funktionsfähigkeit des Arbitrageprinzips gekennzeichnet" (Rapp und Jünnemann 2000, S.76-108) ist.

Die BFT ist aber nicht als Alternativmodell zur bestehenden Kapitalmarkttheorie zu sehen, sondern versucht lediglich diese um soziologische und psychologische Aspekte erweitern. Aufbauend auf den Erkenntnissen der Bounded-Rationality-Theorie sollen die bereits erwähnten Verhaltensanomalien des Menschen, am Kapitalmarkt, untersucht werden. „Ziel dieses Forschungsansatzes ist es, fundamentale menschliche Verhaltensaxiome zu finden, mit denen das Geschehen auf den Finanzmärkten erklärt werden kann, um auf dieser Basis zu einer verhaltenswissenschaftlich fundierten Finanzmarkttheorie zu gelangen" (Roßbach 2001, S.10). Auch auf dem Kapitalmarkt strebt der Akteur grundsätzlich ein rationales Handeln an, kann das aber aus den bereits genannten Gründen, nicht verwirklichen. Typisch für den Kapitalmarkt ist ein erhöhter psychischer Stress, hervorgerufen durch Verlustängste, Zeitdruck und einer gesteigerten Erwartungshaltung. In der BFT werden, anders als in der gängigen Kapitalmarkttheorie, nicht ex ante Annahmen über das Entscheidungsverhalten getroffen werden, sondern ex post reale Kapitalmarktphänomene untersucht und gewertet. So wurden durch die „experimentelle [...] Forschung [...] Verhaltensweisen nachgewiesen, die zeigen, dass Informationen bei Entscheidungen unter Unsicherheit systematisch falsch verarbeitet werden" (Rudolph 2006, S.149). Die Nobelpreisträger „Kahneman & Tversky [...] führten eine Reihe von Experimenten durch und beobachteten einige systematische Muster der Präferenzstruktur,

die von den Annahmen der normativen Entscheidungstheorie abweichen" (Wang 2006, S. 2).
Die beiden versuchten anhand der Prospect-Theory[1], das reale Verhalten von Entscheidern zu
untersuchen und zu erklären, indem sie das bestehende Modell des rational handelnden Entscheiders um Erkenntnisse aus der Psychologie ergänzten. So ersetzten sie die Nutzenfunktion
in der Erwartungsnutzentheorie durch eine zweigeteilte Wertefunktion, da der Mensch ein ri-
sikoaverses Verhalten im Gewinnbereich und ein risikosuchendes Verhalten im Verlustbe-
reich an den Tag legt.

Folgende Abbildung verdeutlicht die Zusammenhänge. Während die Wertfunktion für Ge-
winne, relativ zu ihrem Referenzpunkt, konkav ist, verläuft die Wertfunktion für Verluste da-
gegen konvex. (Wiswede 2007, S.75).

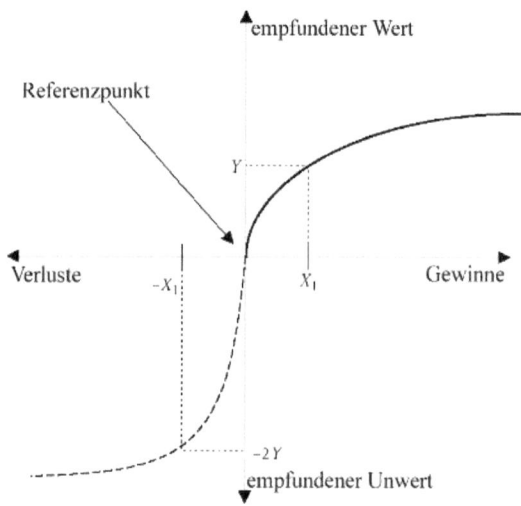

Abbildung 2-1 *In Anlehnung an Wiswede (2007), Darstellung der Wertfunktion der*
Prospect-Theory

Die menschlichen Verhaltensanomalien und die kognitiven Beschränkungen führen dazu,
dass der Mensch sich einfacher Entscheidungsregeln bedient und häufig das sog. „Bauchge-
fühl" oder „Daumenregeln" entscheiden lässt. Auf genau dieser Vermutung baut die Theorie
der nervösen Frösche auf. „In komplexen Informationsgeflechten filtern wir häufig nur dieje-
nigen Informationen heraus, die analytisch gerade noch fassbar sind und/oder die wir unbedingt benötigen um den nächsten Schritt zu tun" (Erben und Romeike 2003, S.40). Dieses
Verhalten hat den Urahnen der Menschen wohl häufig das Leben gerettet, da sie so schnell
auf Gefahren reagieren konnten, führt heute aber zu nicht nachvollziehbaren Phänomenen an

---

[1] Wirtschaftswissenschaftliche Theorie über das Verhalten unter Unsicherheit.

der Börse. Grundsätzlich wertet der Mensch neue Informationen höher als bereits bekannte bzw. veraltete. Und „die Abneigung gegen einen Verlust ist häufig größer als der spekulative Reiz eines Gewinn" (Erben 2003, S.47). Diese Ur-Gewohnheiten des Menschen führen nun zu überdimensionalen Ausschlägen an der Börse. Anleger neigen dazu Informationen überzubewerten, was dazu führt, dass sie aus ihrer Verlustaversion heraus ungerechtfertigte Panikverkäufe tätigen. Somit lassen sich die häufig großen Kursschwankungen einzelner Unternehmen erklären. Teilt ein Unternehmen bspw. mit, dass ein Großauftrag verloren ging, wird mit großer Sicherheit der Börsenkurs in den folgenden Tagen einbrechen. Außer Acht gelassen wird, ob das Unternehmen dadurch gefährdet ist oder nicht. Das Verhalten der Anleger kann folglich mit dem nervöser Frösche verglichen werden, da sie für ein reges Auf und Ab an den Märkten sorgen, was unter rationalen Aspekten betrachtet nicht nachvollziehbar erscheint.

Nachdem nun unterschiedliche Theorien betrachtet wurden, wird im folgenden Kapitel dargestellt, welche Bedeutung die begrenzte Rationalität für die Wirtschaftsinformatik hat.

2.5.4 Wirtschaftsinformatik

Die Theorie der begrenzten Rationalität lässt sich außerdem auf verschiedene Bereiche der Wirtschaftsinformatik anwenden. Aus der Erkenntnis, dass Menschen begrenzt rational handeln, lassen sich unterschiedliche Ansätze für die Gestaltung von Informations- und Anwendungssystemen ableiten. Im Folgenden sollen einige Möglichkeiten dargestellt werden, wie das Wissen um die begrenzte Rationalität für Ausrichtung und Einsatz von Prozessen und Systemen verwendet werden kann.

Unternehmensintern liegt der Fokus darauf, die bestehenden Arbeitsabläufe so zu gestalten, dass die Mitarbeiter sich damit identifizieren können und damit zufrieden sind. Dies soll exemplarisch am Beispiel eines Changemanagementprozesses in einem Unternehmen verdeutlicht werden. Bei der Einführung neuer Geschäftsprozesse ist es oftmals problematisch, dass Mitarbeiter, bedingt durch den Status-Quo-Effekt und den damit verbundenen Verlustängsten, an den bestehenden Strukturen festhalten. Sie verschließen sich gegenüber den mit den Neuerungen einhergehenden Verbesserungspotentialen, was dazu führt, dass Optimierungsmöglichkeiten nicht wie geplant realisiert werden können. Dieses nicht rationale Verhalten erfordert es, dass die Wirtschaftsinformatik in ihrer Funktion als Schnittstelle zwischen Prozessgestaltung und –umsetzung zum Einsatz kommt. Im Rahmen der Strukturierung der Changemanagementprozesse ist es erforderlich, dass besondere Rücksicht auf die bestehenden Verhaltensanomalien genommen wird. Den Mitarbeitern soll bewusst werden, dass der (gefühlte) Verlust nicht größer ist, als der tatsächliche Gewinn. Durch eine entsprechende Gestaltung der Prozesse kann sichergestellt werden, dass die Mitarbeiter sich mit den neuen Prozessen identifizieren und diese auch akzeptieren.

Unternehmensextern eignet sich das Beschwerdemanagement, um zu zeigen, wie sich das begrenzt rationale Verhalten des Menschen in Geschäftsprozesse integrieren lässt. Das Ziel besteht darin, dem Kunden eine Lösung zu bieten, die einerseits für das Unternehmen möglichst günstig ausfällt, und andererseits den Kunden selbst ausreichend zufriedenstellt. Zu diesem

Zweck ist es erforderlich, zu identifizieren, welche Ansprüche der Kunde tatsächlich hat und wie diese erfüllt werden können. So haben bspw. viele Unternehmen eine Hotline exklusiv für Beschwerden eingerichtet. Bei dieser können Kunden dann anrufen, wenn sie Probleme mit den erworbenen Produkten haben oder mit Serviceleistungen des Unternehmens unzufrieden sind. Die Aufgabe der Hotlinemitarbeiter besteht darin, genau zu analysieren, welche Probleme der Kunde hat und welcher Lösungsvorschlag diesen zufrieden stimmen würde. Im Falle defekter Produkte kann dies bedeuten, dass kein pauschaler Ersatz stattfindet, sondern geklärt wird, ob auch eine Reparatur möglich wäre. Durch die Wahrnehmung der oftmals kostengünstigeren Möglichkeit der Reparatur reduziert das Unternehmen seine Ausgaben; gleichzeitig wird der Kunde trotzdem zufriedengestellt, da ihm eine Lösung für sein Problem geboten wird.

Wenn es um Beschwerden über Serviceleistungen geht, so haben Mitarbeiter oftmals die Anweisung, dem Kunden nicht zu widersprechen, sondern zuzustimmen, beruhigend auf ihn einzuwirken und Verständnis für sein Problem zu äußern. Dadurch wird das eigentliche Problem zwar nicht gelöst, aber der Kunde fühlt sich verstanden, legt eventuell bestehende negative Emotionen ab und ermöglicht ein konstruktives Gespräch. Für das Unternehmen besteht der Vorteil darin, dass die Kundenbindung intensiviert wird und oftmals auch jene Kunden gehalten werden können, deren Beschwerde nachvollziehbar ist und eine Abkehr vom Unternehmen rechtfertigen würde. Die Kunden bewerten das ihnen entgegengebrachte Verständnis höher, als den vorab durch mangelhaften Service oder auch fehlerhafte Produkte entstandenen Schaden.

Im nächsten Kapitel dieser Arbeit liegt der Fokus auf der Darstellung verschiedener Vorgehensmodelle, die auf der Theorie der begrenzten Rationalität basieren.

3 Vorgehensmodelle

Nachdem nun bekannt ist, dass Menschen nicht perfekt rational handeln, stellt sich die Frage, anhand welcher Kriterien und Maßstäbe sie ihr Handeln gestalten und welche Möglichkeiten ihnen hierbei zur Verfügung stehen. Aufbauend auf der Feststellung von Simon haben unterschiedliche Wissenschaftler versucht Vorgehensmodelle bzw. Theorien zu entwickeln, anhand derer sich das tatsächliche Entscheidungsverhalten des Menschen abbilden lassen soll.

Im Folgenden soll nun eine Auswahl von Konzepten vorgestellt werden, die aus Simons Erkenntnissen abgeleitet wurden. Weiterhin erfolgt eine Erläuterung jeder Theorie anhand eines Beispiels zum Thema Handykauf. Es wird gezeigt, wie sich die Akteure bei Anwendung einer bestimmten Theorie beim Kauf eines Handys verhalten würden und wo die jeweiligen Unterschiede im Entscheidungsverhalten liegen.

3.1 Satisficing

Einen möglichen Ansatz zur Beschreibung dieses Entscheidungsverhaltens stellt das sog. Satisficing dar. Dieser von Simon entwickelte Neologismus setzt sich aus den Wortstämmen „to suffice" (engl. ausreichen) sowie „to satisfy" (engl. zufriedenstellen) zusammen.

Voraussetzung für die Anwendung dieses Modells ist eine Situation, in der Optimierung nicht möglich ist bzw. mit unverhältnismäßig hohen Kosten verbunden wäre. Unter diesen Umständen wird der Entscheidungsträger eher nach einer Lösung suchen, die Zufriedenstellung verspricht, anstatt nach Optimierung zu streben. Oftmals ist es nämlich weitaus einfacher, für die gegebenen Beschränkungen zufriedenstellende Lösungen zu finden, als auf eine Maximierung zu bestehen.

Laut Simon unterscheidet man folgendermaßen zwischen Optimierung und Satisficing: "A decision maker who chooses the best alternative according to some criteria is said to optimize. One who chooses an alternative that meets or exceeds specific criteria but that is not guaranteed to be either unique or in any sense the best is said to satisfice" (Simon 2008).

Beim Satisficing bestimmt der Akteur im ersten Schritt das Niveau, welches mit der Entscheidung erreicht werden soll. Sobald dies geschehen ist, vergleicht er die zur Verfügung stehenden Optionen und wählt jene Alternative, die als erste das vorab festgelegte Niveau erreicht. Im besten Fall ist dies bereits bei der ersten Alternative der Fall, sodass die Suche sofort beendet werden kann. Wenn jedoch keine neue passende Alternative zur Verfügung steht, muss das angeforderte Niveau angepasst, also gesenkt werden.

Mit dem Satisficing wird folglich eine Entscheidung angestrebt, die den Akteur zu einem ausreichenden Maß befriedigt, wobei diese Lösung nicht unbedingt die Beste verfügbare sein muss. Ausschlaggebend für die Wahl dieser Alternative ist, dass sie ein vorher festgelegtes Niveau mindestens erreicht oder übertrifft. Der Akteur ist mit dieser Lösung zufrieden, denn er strebt nicht danach, die beste, sondern die für sich ausreichend befriedigende Lösung zu erreichen.

Dieses Vorgehensmodell bietet mehrere Vorteile. So ist es bspw. vorteilhaft, dass weder Kosten noch Nutzen für diesen Entscheidungsprozess berechnet werden müssen. Das vorab festgelegte Anspruchsniveau verkürzt im weiteren Verlauf den Entscheidungsprozess, da bereits definiert ist, welche Anforderungen die Alternative mindestens erfüllen muss. Dies ist v.a. bei Entscheidungen unter Zeitdruck in relativ unbekannten Situationen vorteilhaft. Besonders anschaulich wird dies am Beispiel von Feuerwehrrettungseinsätzen. Wenn die Mannschaft im Falle eines Brandes zu lange überlegt, welche Lösung bzw. Vorgehensweise optimal wäre, besteht die Gefahr, dass während genau dieser Zeit Menschen zu Schaden kommen. Es kommt in dieser Situation vor allem darauf an, schnell zu helfen; Perfektion ist zweitrangig.

Jedoch ist das Satisficing generell auch mit Nachteilen verbunden. Es ist notwendig, dass der Akteur ex ante ein Anspruchsniveau festlegt. Die Bestimmung dieses Niveaus ist bereits mit Schwierigkeiten bzw. Nachteilen verbunden. So ist es bspw. erforderlich, dass vorab viele Informationen beschafft werden, wodurch hohe Informationskosten entstehen. Außerdem muss der Akteur das Niveau festlegen, ohne zu wissen, welche Alternativen und Niveaugrade überhaupt verfügbar sind. So kann es sein, dass er das Niveau bewusst zu niedrig ansetzt, da er befürchtet, sonst keine Alternative zu finden. Ein weiterer Nachteil des Satisficing besteht darin, dass die Reihenfolge der betrachteten Alternativen nachhaltig den Entscheidungsausgang beeinflusst. Wenn der Akteur bspw. zuerst Alternative A betrachtet, die seinen Anforderungen gerade so entspricht, dann wird er sich sofort für sie entscheiden. Möglicherweise entgeht ihm dadurch jedoch Alternative B, die seinen Anforderungen nicht nur entspricht, sondern sie sogar übertreffen würde. Da er sich jedoch sofort für A entschieden hat, erfährt er nicht von B und den damit verbundenen Möglichkeiten.

Das folgende Beispiel soll das Vorgehen beim Satisficing verdeutlichen.

Ein Akteur, der mit einer „Satisficing" Lösung zufrieden ist würde vor der eigentlichen Suche nach einem neuen Handy überlegen, welchen Anforderungen es gerecht werden, also welche Funktionen es erfüllen soll. So kann er z.B. festlegen, dass das Handy MMS-fähig sein soll und maximal 300 EUR kosten darf. Wenn ihm schließlich der Verkäufer drei unterschiedliche Modelle vorstellt, so wird er sich für jenes entscheiden, welches zuerst diesen beiden Kriterien gerecht wird. Nachdem diese beiden Kriterien von dem gewählten Modell erfüllt werden, erkundigt er sich auch nicht nach weiteren Modellen, die eventuell seine Anforderungen ebenfalls erfüllen oder sogar übertreffen würden. Es sei angenommen, dass das zuerst betrachtete Handy 1 nicht MMS-fähig ist und 200 EUR kostet. Da es eines der beiden Kriterien nicht erfüllt, wird es nicht gewählt. Alternative 2 hingegen ist MMS-fähig, kostet 300 EUR und entspricht somit dem Anforderungsniveau des Akteurs. Entsprechend der Regeln des Satisficing entscheidet sich der Akteur nun für Alternative 2 und bricht die Suche ab. Jedoch entgeht ihm somit Alternative 3, ein MMS-fähiges Handy zum Preis von 200 EUR.

Im Rahmen dieser Analyse hat sich herausgestellt, dass das Satisficing eine Möglichkeit darstellt, schnell und verhältnismäßig kostenminimal eine Lösung für ein Entscheidungsproblem zu finden. Allerdings sind die mit diesem Vorgehensmodell verbundenen Nachteile gerade im Bezug auf kosten- oder zeitintensivere Entscheidungen schwerwiegend. Aus diesem Grund soll im folgenden Kapitel mit den Heuristiken ein Vorgehensmodell vorgestellt werden, welches versucht, den Anspruch der Entscheider „besser" zu erfüllen, indem nicht die „erstbeste" Alternative gewählt wird, sondern anhand strukturierter Auswahlverfahren vorgegangen wird.

3.2 Heuristiken

Es hat sich gezeigt, dass das Prinzip des Satisficing durchaus schnell zu Lösungen führt, jedoch langfristig bedeutende Nachteile mit sich bringt. Deshalb soll nun mit den Heuristiken eine Vorgehensweise vorgestellt werden, die durch den Einsatz spezifischer Regelungen diese Nachteile umgehen will.

Ehe im Folgenden genauer auf schnelle und einfache bzw. adaptive Heuristiken eingegangen wird, soll vorab erläutert werden, was allgemein unter dem Begriff „Heuristik" zu verstehen ist und wie er in der Wissenschaft verwendet wird.

Das Wort Heuristik lässt sich aus dem altgriechischen heurísko „ich finde"; heuriskein, „(auf-)finden", „entdecken" ableiten. Unter dem Begriff Heuristik versteht man eine „Vorgehensweise zur Lösung von allgemeinen Problemen, für die keine eindeutigen Lösungsstrategien bekannt sind oder aufgrund des erforderlichen Aufwands nicht sinnvoll erscheinen" (Gabler 2004, S. 1394). Dabei sind die sogenannten „Urteilsheursitiken nicht motivational bedingt, wie etwa Wunschdenken und der Einfluss von Belohnung oder Bestrafung auf Urteile, sondern sie werden systematisch eingesetzt, um die Entscheidung zu erleichtern und Zeit zu sparen, die für die Informationssuche und –interpretation erforderlich wäre" (Theil 2002, S. 55).

Bei der Entscheidungsfindung basieren die Heuristischen Verfahren auf drei Grundregeln, welche die Suche und Wahl einer Alternative erleichtern sollen. So werden bereits vorab Suchregeln für die Alternativen definiert und es existieren Stoppregeln für die Einstellung der Suche. Schließlich gibt es spezifische Entscheidungsregeln für die Wahl einer Alternative.

Nachdem nun bekannt ist wie Heuristiken allgemein funktionieren und welche Regeln ihnen zugrundeliegen, sollen nun die schnellen und einfachen sowie die adaptiven Heuristiken als Beispiel für Vorgehensmodelle begrenzter Rationalität vorgestellt werden.

3.2.1 Schnelle und einfache Heuristiken

Gigerenzer hat sich in seiner Funktion als Direktor des Center for Adaptive Behavior and Cognition (ABC) im Rahmen seiner Forschungstätigkeit mit dem Thema der begrenzten Rationalität sowie Heuristiken auseinandergesetzt.

Die folgenden Ausführungen sind angelegt an den Artikel „The precis of: Simple Heuristics That Make Us Smart" von Gigerenzer et al. (1999). In dieser Arbeit wird das Prinzip der vollkommenen Rationalität kritisiert und es wird ein Vorgehensmodell vorgestellt, welches mehr Realitätsnähe verspricht.

„Traditional models of unbounded rationality and optimization in cognitive science, economics, and animal behavior have tended to view decision-makers as possessing supernatural powers of reason, limitless knowledge, and endless time. But understanding decisions in the real world requires a more psychologically plausible notion of bounded rationality."

Ausgehend davon haben Gigerenzer et al. die „schnellen und einfachen" Heuristiken entwickelt, deren Prinzipien nun vorgestellt werden sollen.

Ein großer Vorteil der schnellen und einfachen Heuristiken besteht darin, dass nur ein Minimum an Zeit, Wissen und Informationsverarbeitung benötigt wird, um in einer realen Umwelt angemessene Entscheidungen zu treffen. Schnelle und einfache Heuristiken werden verwendet, um die Probleme, die mit der sequentiellen Suche von Objekten oder Alternativen (vgl. Satisficing) einhergehen, zu lösen. Sie können weiterhin angewandt werden, wenn Entscheidungen zwischen vergleichbaren verfügbaren Objekten getroffen werden sollen und die Suche nach Informationen (z.B. Eigenschaften) über die Alternativen in größerem Rahmen begrenzt ist, als die Suche nach den Alternativen selbst.

Schnelle und einfache Heuristiken begrenzen ihre Suche nach Objekten oder Informationen also, indem sie einfach berechenbare Abbruchregeln verwenden und ihre Entscheidungen anhand einfach berechenbarer Entscheidungsregeln treffen.

Satisficing und die schnellen und einfachen Heuristiken können folglich zwar als zwei sich überschneidende Vorgehensmodelle gesehen werden, werden aber unterschiedliche Kategorien der begrenzten Rationalität zugeordnet; es gibt Formen des Satisficing, die schnell und einfach sind, und andere, die im Gegensatz dazu einen unverhältnismäßig hohen Rechenaufwand bedeuten. Vergleichbar dazu gibt es schnelle und einfache Heuristiken, die Alternativen der Reihe nach bewerten bzw. sich dafür entscheiden, und welche, die dies zeitgleich tun. Gemäß Gigerenzer et al. repräsentieren die schnellen und einfachen Heuristiken aufgrund ihrer Beschaffungsweise die begrenzte Rationalität in ihrer reinsten Form.

Die schnellen und einfachen Heuristiken lassen sich in vier unterschiedliche Klassen unterteilen, die nun kurz beschrieben werden sollen. Ihre Anwendung wird jeweils anhand eines Beispiels erläutert und es erfolgt eine Zusammenfassung der Vor- und Nachteile.

3.2.1.1   Ignorance-based decision making

Der zahlenmäßig betrachtet einfachste Fall besteht in einer Wahl zwischen zwei Alternativen, die anhand eines Kriteriums verglichen werden. In der seltenen Ausgangssituation, dass dem Akteur nur die Information vorliegt, ob die jeweiligen Alternativen ihm bereits bekannt sind, oder nicht, kann er sich bestenfalls dafür entscheiden, die bekannte Alternative anstatt der unbekannten Alternative zu wählen, also die unbekannte Alternative zu „ignorieren."

Wenn zwischen zwei Alternativen anhand eines Kriteriums entschieden werden soll und eine der Alternativen wiedererkannt wird, dann ist diese zu wählen. Für den Erwerb des Handys würde dies bedeuten, dass das bekannte Markenprodukt dem Noname-Produkt vorzuziehen ist, wenn über Funktionsumfang oder Preis keine Informationen verfügbar sind.

Diese Methode besticht zwar durch ihre simple Vorgehensweise, jedoch ist als nachteilig zu erachten, dass die gewählte Alternative bedingt durch das sehr generische Auswahlkriterium nicht unbedingt auch die tatsächlich Beste für den Akteur ist.

3.2.1.2 One-reason decision making

In diesem Fall wird erneut davon ausgegangen, dass die Entscheidung zwischen zwei Alternativen, wieder anhand eines Kriteriums getroffen werden soll. Allerdings stehen dieses Mal mehr Information, als nur der Bekanntheitsgrad, zur Verfügung, weshalb auf andere Heuristiken zurückgegriffen werden kann. Nun besteht die einfachste Herangehensweise darin, eine Abbruchregel zu implementieren, welche die Informationssuche beendet, sobald ausreichend viele Informationen verfügbar sind, um eine Entscheidung zu treffen.

In einem ersten Schritt wird also nach einer Information gesucht, die für alle Alternativen verfügbar sein soll. Im nächsten Schritt wird dann geprüft, ob sich die Informationen inhaltlich unterscheiden. Wenn dies der Fall ist, dann ist die beste Alternative zu wählen. Sollte es jedoch der Fall sein, dass sich die Alternativen anhand dieses Suchkriteriums nicht unterscheiden lassen, so ist so oft ein neues Kriterium festzulegen, bis eine eindeutige Unterscheidung und somit Wahl einer Alternative möglich ist.

Wenn der Akteur sich folglich zwischen zwei Handys entscheiden will, muss er klären, welche Informationen verfügbar sind. Er kann sich bspw. in einem ersten Schritt beim Verkäufer nach den jeweiligen Preisen der Telefone erkundigen. Stellt sich heraus, dass ein Handy günstiger ist als das andere, so wird er sich für dieses entscheiden. Sollten jedoch beide Produkte zum selben Preis angeboten werden, so muss der Akteur weitere Informationen anfordern. Wenn sich in einem nächsten Schritt zeigt, dass nur eine der beiden Alternativen die vom Akteur gewünschte Funktion aufweist, so kann dieser seine Entscheidung treffen und die Suche an dieser Stelle beenden.

Vorteilhaft an diesem Vorgehen ist, dass der Akteur nur so viele Informationen nachfragen muss, wie er mindestens benötigt, wodurch die Kosten der Informationsbeschaffung minimal gehalten werden. Allerdings ist vorher nicht ersichtlich, ob die Informationen tatsächlich helfen, eine Entscheidung zu treffen. Somit kann es vorkommen, dass für die Entscheidung wertlose Informationen beschafft werden.

3.2.1.3 Elimination heuristics for multiple-option choices

In den ersten beiden Beispielen ist man davon ausgegangen, dass nur zwischen zwei Alternativen gewählt werden muss. In der Realität ist dies jedoch eher selten der Fall, weshalb nun eine Heuristik vorgestellt werden soll, welche die Entscheidungsfindung bei mehreren zur Wahl stehenden Alternativen erleichtern soll.

Eine Möglichkeit zur Auswahl einer Alternative unter vielen besteht darin, einem einfachen Prinzip der Eliminierung zu folgen. Kriterien werden nacheinander untersucht, um immer weitere Alternativen zu eliminieren und somit die Anzahl so lange zu reduzieren, bis am Ende nur noch eine Alternative zur Wahl steht.

Folgendes Beispiel soll diese Vorgehensweise verständlich machen.

Dem Akteur stehen vier verschiedene Handys zur Verfügung, wovon er sich für eine entscheiden will. Die Alternativen weisen folgende Eigenschaften auf:

Alternative 1: 300 EUR Kaufpreis, MMS-fähig, schwarze Schale, Ersatzakku inklusive.

Alternative 2: 250 EUR Kaufpreis, MMS-fähig, schwarze Schale, kein Ersatzakku.

Alternative 3: 250 EUR Kaufpreis, nicht MMS-fähig, schwarze Schale, kein Ersatzakku.

Alternative 4: 300 EUR Kaufpreis, MMS-fähig, blaue Schale, Ersatzakku inklusive.

Als erstes Kriterium legt der Entscheider fest, dass das Handy MMS-fähig sein soll. Somit steht Alternative 3 nicht länger zur Wahl und er muss sich nun noch zwischen den Alternativen 1, 2 und 4 entscheiden. Anschließend bestimmt er, dass er nicht mehr als 300 EUR für das neue Gerät zahlen möchte. Da alle Alternativen dieses Kriterium erfüllen, lässt sich die Auswahl anhand dieses Kriteriums nicht weiter einschränken. Der Akteur legt folglich ein weiteres Kriterium fest und erwartet von dem neuen Handy, dass ein Ersatzakku im Kaufpreis inklusive sein soll. Dadurch eliminiert er Alternative 2 und es kommt zu einer Entscheidung zwischen Alternative 1 und Alternative 4. Zuletzt legt der Akteur dann fest, dass das neue Handy eine schwarze Schale haben soll und kann sich somit eindeutig für Alternative 1 entscheiden.

Der Vorteil dieser Vorgehensweise liegt darin, dass der Akteur sich am Schluss für jene Alternative entscheiden wird, die seinen Vorstellungen am ehesten entspricht. Dies wird durch eine schrittweise Eliminierung der anderen Alternativen erreicht. Kritisch zu sehen ist allerdings, dass keine Gewichtung der einzelnen Kriterien erfolgt bzw. diese nur indirekt durch die Reihenfolge der jeweiligen Anwendung stattfindet.

3.2.1.4 Satisficing Heuristics

Bei den bisher vorgestellten Heuristiken ist man davon ausgegangen, dass dem Entscheidungsträger alle gegebenen Alternativen zur Verfügung stehen; er also über alle Möglichkeiten informiert ist. Es kann jedoch sein, dass der Akteur nicht über alle nötigen Informationen verfügt und die Suche nach diesen (unbekannten) Alternativen mit Transaktionskosten verbunden ist. In diesem Fall muss der „schnelle und einfache" Entscheider nicht nur seine Suche nach Informationen begrenzen, sondern auch entsprechend einer vorher definierten Abbruchregel handeln.

Nach Simon wird ein angestrebtes Niveau für das ausgewählte Kriterium vorher festgelegt und die Suche wird beendet, sobald dieses angestrebte Niveau erreicht wurde.

Für das Beispiel des Handyverkäufers bedeutet dies, dass er vorab festlegen muss, wann seine Ansprüche zu einem ausreichenden Maß erfüllt sind bzw. wie diese erfüllt werden sollen. Beim Vorgehen gibt es zwei unterschiedliche Möglichkeiten. So wird die Suche nach dem Handy bspw. beendet, wenn der Entscheider ein Produkt gefunden hat, welches dem vorab festgelegten Niveau entspricht. Andererseits kann es sein, dass sich im Laufe seiner Suche herausstellt, dass diese mit zu hohen Kosten verbunden ist und der Entscheider abbrechen muss.

Es hat sich gezeigt, dass die schnellen und einfachen Heuristiken mit ihren unterschiedlichen

Vorgehensweisen – abhängig vom Grad der verfügbaren Informationen und der Anzahl der zur Wahl stehenden Alternativen – stets passende Vorgehensmöglichkeiten bei der Entscheidungsfindung bieten. Jedoch ist es so, dass die „perfekte" Lösung auch bei der Anwendung dieser Heuristiken entweder nie ganz oder nur in Verbindung mit hohen Transaktionskosten erzielt werden kann. Es ist somit erforderlich, dass der Akteur vorab für sich selbst entscheidet, zu welchem Preis er seine perfekte Wahl finden möchte, weshalb er zwischen Kosten und Nutzen abwägen muss.

Ein allgemeiner Nachteil aller schnellen und einfachen Heuristiken besteht darin, dass das Vorgehen starr, also unflexibel ist. Der Akteur hat keine Möglichkeit, auf eine sich verändernde Umgebung zu reagieren. An diesem Punkt setzen die adaptiven Heuristiken an. Da sich Rahmenbedingungen der adaptiven Heuristiken von denen der schnellen und einfachen Heuristiken maßgeblich unterscheiden, werden die adaptiven Heuristiken im Rahmen einer Abgrenzung vorgestellt.

3.2.2 Adaptive Heuristiken – Abgrenzung

Um ein Verständnis für die adaptiven Heuristiken entwickeln zu können, soll zunächst geklärt werden, was im Zusammenhang mit begrenzter Rationalität unter Adaptivität verstanden wird.

Nach Young lautet die Definition von Adaptivität wie folgt: „A 'heuristic' is a method or rule for solving problems; in game theory it refers to a method for learning how to play. Such a rule is 'adaptive' if it is directed towards higher payoffs and is reasonable simple to implement" (Young 2008).

Ausgangspunkt stellt eine dynamische Umwelt dar, in der die Entscheidungsträger – meist Spieler und Gegenspieler – wiederholt interagieren. Im Gegensatz zu den schnellen und einfachen Heuristiken werden somit strategisches Handeln und Lerneffekte ermöglicht. In diesen Situationen können schließlich jene Verhaltensregeln als adaptive Heuristik bezeichnet werden, die einfach, unverfälscht, grob vereinfachend und kurzsichtig sind. Dies sind sog. "Faustregeln", derer sich die Spieler bedienen, um ihre Entscheidungen zu treffen. Jene Regeln werden dann als adaptiv bezeichnet, wenn sie Verhalten hervorrufen, welches auf die Ereignisse im Spiel auf eine Art und Weise reagiert, die – salopp formuliert – zu "besseren" Ergebnissen führen sollen. Der Spieler ist also in der Lage, nach jeder Aktion des Gegners durch seine eigene Reaktion seinen Status zu verbessern. Dies kann er auf jeder Stufe des Spiels tun und sich durch dieses iterative Vorgehen schrittweise einem guten – bestenfalls optimalen – Ergebnis annähern. Dieses Spiel wird „fictitious play" genannt (Hart 2005).

Da adaptive Heuristiken immer abhängig von der Spielumgebung, den Teilnehmern und den persönlichen Präferenzen der Teilnehmer sind, lassen sich keine allgemeinen Handlungsvorgaben, wie bspw. bei den schnellen und einfachen Heuristiken, ableiten. Der Fokus liegt viel mehr darauf, zu erkennen, dass Entscheidungen nicht in einer statischen, sondern in einer dynamischen Umwelt getroffen werden. In dieser wird nicht nur der Entscheidungsträger selbst, sondern auch seine Umwelt sowie seine eventuellen Gegen- oder Mitspieler werden als interaktive Faktoren im Entscheidungsprozess berücksichtigt. Aus diesem Grund gibt es kein striktes Vorgehensmodell, sondern eine stufenweise Anpassung von Aktion und Reaktion.

Im folgenden Kapitel soll nun aufgezeigt werden, auf welche Art und Weise Simons Theorie in der Literatur aufgenommen wurde.

4 Reputation der Theorie in der Literatur

Erstmals von Simon im Jahr 1956 vorgestellt, erfuhr das Prinzip der begrenzten Rationalität in vielen weiteren Fachpublikationen Aufmerksamkeit. Um einen groben Überblick über die unterschiedlichen Untersuchungsmethoden, Ansätze und Meinungen zu geben, werden in diesem Kapitel in chronologischer Reihenfolge vier unterschiedliche Artikel mit verschiedenen Schwerpunkten vorgestellt, die sich mit der begrenzten Rationalität befassen, diese weiter untersuchen oder sogar weiterentwickeln. Zu diesem Zweck erfolgt eine kurze Vorstellung des Autors bzw. der Autoren, eine knappe Zusammenfassung des Inhalts sowie eine Bewertung hinsichtlich der Würdigung der Arbeit von Herbert A. Simon. Nach der einzelnen Vorstellung aller Artikel, werden diese gemeinsam in einer tabellarischen Übersicht gezeigt.

James G. March, ein Kollege und Freund von Simon, hat im Herbst 1978 den Artikel „Bounded Rationality, Ambiguity, and the Engineering of Choice" im The Bell Journal of Economics veröffentlicht. Er befasst sich in dieser Publikation mit der Annahme, dass zukünftige Erwartungen unsicher sind, untersucht diese – für rationale Entscheidungen essentielle – These und stellt mögliche Modifikationen vor. Ausgangspunkt für seine Analysen stellt die These dar, dass rationale Entscheidungen zwei unterschiedliche Vermutungen bedingen. Die erste Vermutung bezieht sich auf die unsicheren zukünftigen Konsequenzen, während die zweite Vermutung Bezug auf unsichere zukünftige Präferenzen nimmt. Das Konzept der Bounded Rationality hat sich im Rahmen zahlreicher Verhaltensforschungen auf dem Gebiet der Entscheidungen und entsprechenden Modifikationen im Umgang mit der ersten Vermutung entwickelt. Erst danach befassten sich Studien der Verhaltensforschung mit der zweiten Vermutung, also der Art und Weise wie Präferenzen im Entscheidungsprozess integriert werden. March untersucht in seiner Arbeit verschiedene Modifikationsmöglichkeiten, Herangehensweisen und Komplikationen. Er baut somit auf dem Gedanken auf, der auch der Theorie der begrenzten Rationalität zugrunde liegt, verfolgt jedoch einen anderen Ansatz und entwickelt ausgehend davon seine Theorien.

John D. W. Morecroft, Adjunct Associate Professor of Management Science and Operations an der London Business School, bezieht sich in seinem Artikel „Rationality in the Analysis of Behavioral Simulation Models" aus dem Jahr 1985 auf die begrenzte Rationalität, um Modelle zur Verhaltenssimulation näher zu untersuchen. Er untersucht in seiner Arbeit das Vorkommen von begrenzter Rationalität in modellintegrierten Entscheidungsfunktionen, um auf kognitive Beschränkungen im Entscheidungsprozess hinzuweisen. Morecroft simuliert hierfür anhand eines Modells eine Handelsorganisation, deren Produktivität im Rahmen der Verkaufsstärke rückgängig ist. Er führt dieses Verhalten der Produktivität auf dysfunktionale Interaktionen zwischen den Objekten, Überstunden und Motivation der Mitarbeiter zurück. Morecroft kommt hierbei zu dem Schluss, dass „premise description" und „partial model testing" als hilfreiche Diagnosemethoden für simulationsbasierte Modelle gesehen werden können. Seines Erachtens nach können sie dazu betragen, die Qualität von Modellkonzeptionen- und analysen zu verbessern. Somit handelt es sich bei der Arbeit von Morecroft nicht um eine Weiterentwicklung der Theorie der begrenzten Rationalität, sondern um eine Verwendung zur Stützung der eigenen Thesen. Morecroft baut auf den diesen Prinzipien auf, um so seine Thesen zu untermauern.

Kahneman und Tversky haben 1986 in ihrem Artikel „Rational Choice and the Framing of Decisions" das Phänomen der begrenzten Rationalität, aufbauend auf den Ergebnissen von Simon, näher untersucht. Sie stellen die These auf, dass eine logisch geprägte Entscheidungen keine angemessene Grundlage für die deskriptive Entscheidungslehre bieten. Sie wollen vielmehr aufzeigen, dass ein Großteil der grundlegenden Entscheidungsregeln im Allgemeinen von den Entscheidungsträgern verletzt werden. Hierfür untersuchen sie die „Hierarchy of Normative Rules" und gehen dabei näher auf die einzelnen Stufen Abbruch, Transitivität, Dominanz und Beständigkeit ein, untersuchen die Fehler im Bereich der Beständigkeit und erläutern weiter „Framing and Evaluation of Outcomes" sowie „The Framing and Weighting of Chance Events". Tversky und Kahneman kommen zu dem Schluss, dass die normative und die deskriptive Entscheidungslehre als verschiedene Entwicklungen gesehen werden sollten. Die Autoren bauen direkt auf den Ergebnissen von Simon auf und verwenden diese, um ihre Theorien zu stützen. Es erfolgt also keine Kritik an Simons Veröffentlichungen, sondern eine Weiterentwicklung und -verwendung.

Im Juli 2008 hat Wolfgang Breuer, Professor für Betriebswirtschaftslehre mit Schwerpunkt Finanzen an der RWTH Universität Aachen, einen Artikel mit dem Titel „Bounded Rationality, Rights Offerings, and Optimal Subscription Prices" vorgestellt. Er bedient sich hierbei dem Prinzip der begrenzten Rationalität, um Phänomene aus der Finanzwirtschaft näher zu erläutern. Breuer stellt folgende These auf: „In an asymmetric information context with bounded rationality, investors' loss aversion, mental accounting and buy-and-hold behavior may create opportunities for good-type firms to signal their project quality by choosing lower issuance prices at rights offerings than bad-type firms do." Es erfolgt also keine Bewertung der begrenzten Rationalität oder nähere Untersuchung, sondern eine kritikfreie Verwendung. Dies lässt den Rückschluss zu, dass Breuer die Ergebnisse von Simon akzeptiert und für glaubwürdig erachtet.

Die folgende Tabelle dient der Übersicht über die Schwerpunktsetzung bei den jeweiligen Artikeln und soll zeigen, inwiefern die Autoren sich auf die Theorie der begrenzten Rationalität beziehen.

Artikel	Schwerpunkt	Bezug zur BR
Bounded Rationality, Ambiguity, and the Engineering of Choice	Unsichere, zukünftige Präferenzen.	Beide Theorien basieren auf demselben Grundgedanken.
Rationality in the Analysis of Behavioral Simulation Models	Kognitive Beschränkungen im Entscheidungsprozess	BR als wichtiger Faktor im Rahmen der Simulationen und Basis für Thesen.
Rational Choice and the Framing of Decisions	Normative und deskriptive Ansätze in der Entscheidungslehre.	Aufbau und Weiterentwicklung von Simons Theorie.
Bounded Rationality, Rights Offerings, ad Optimal Subscription Prices	Verhalten von Investoren im Zusammenhang mit BR und Informationsasymmetrie.	BR als Basis für Erklärung finanzwirtschaftlicher Phänomene.

Tabelle 4-1 *Artikelübersicht*

Aus dieser Übersicht wird ersichtlich, dass die Theorie der begrenzten Rationalität in der Literatur durchwegs positiv aufgenommen findet und auch aktuell noch Verwendung findet.

Im nun folgenden Kapitel erfolgt eine kurze Zusammenfassung der in dieser Arbeit vorgestellten Themen sowie eine Einordnung der Bewertung der Theorie insgesamt.

5 Bewertung der Theorie

Im Rahmen dieser Arbeit hat sich herausgestellt, dass die Theorie der begrenzten Rationalität in vielerlei Hinsicht Einfluss auf das Leben und Wirken der Menschen hat. Nachdem zu Beginn die Grundlagen der Theorie aufgearbeitet wurden, folgte im zweiten Kapitel eine Übersicht über die unterschiedlichen Entwicklungspfade. Hierbei wurde außerdem auf die Besonderheiten der begrenzten Rationalität und kognitiven Beschränkungen sowie auf die Anwendung der Theorie in der Wissenschaft eingegangen. Das dritte Kapitel hatte mit dem Satisficing sowie den schnellen und einfachen Heuristiken schließlich die Vorstellung möglicher Vorgehensmodelle zum Schwerpunkt. Abschließend wurde im vierten Kapitel aufgezeigt, auf welche Art und Weise die Theorie von Simon in der Forschung und Literatur weiter verwendet wurde.

Es lässt sich festhalten, dass die Theorie eine sehr positive Reputation und Akzeptanz erfahren hat. Dies wird auch bei Betrachtung der hohen Zahl an Nobelpreisträgern ersichtlich, deren Forschungsarbeit sich entweder direkt oder indirekt mit der Theorie der begrenzten Rationalität befasste. Doch auch in der heutigen Zeit haben die Ergebnisse von Simon noch bedeutenden Einfluss auf die Forschung. So wird bspw. aktuell am Max-Planck-Institut für Bildungsforschung in Berlin untersucht, auf welche Art und Weise die soziologische bzw. die ökologische Rationalität auf das Miteinander der Menschen wirken.

Obwohl die Theorie also allgemein große Zustimmung erfährt, gibt es auch einige nicht zu vernachlässigende Kritikpunkte. So wird bspw. kritisch beurteilt, dass Simon die begrenzte Rationalität lediglich hinsichtlich des Könnens, aber nicht im Bezug auf den Willen des Menschen unterstellt und von einem sehr egozentrischen Weltbild ausgeht.

Zusammenfassend lässt sich aber feststellen, dass die Theorie der begrenzten Rationalität überwiegend positiv bewertet wird. Ihre Bedeutung für die verschiedenen Bereiche der Wissenschaft, sei es Psychologie, Wirtschaft oder Entscheidungstheorie, unterstreicht diese Aussage. Bei der Entwicklung der ökonomischen Modelle spielen Verhaltenspsychologische Erkenntnisse eine große Bedeutung. Die Ökonomie war nicht immer so weit entfernt von den Erkenntnissen der Soziologie und der Psychologie. Erst mit dem Beginn der Neoklassik und dem Versuch, aus der Wirtschaftswissenschaft eine Naturwissenschaft zu gestalten, entfernte man sich Schritt für Schritt. Hier gilt es anzusetzen und die Verhaltensökonomie weiter auszubauen.

„Das Rationale am Menschen sind seine Einsichten,

das Irrationale, daß er nicht danach handelt."

Friedrich Dürrenmatt (1921-1990)

Literaturverzeichnis

Bücher:

Erben, Roland; Romeike, Frank (2003): Allein auf stürmischer See. Risikomanagement für Einsteiger. Wiley-VCH Verlag, Weinheim.

Enste, Dominik (2002): Schattenwirtschaft und institutioneller Wandel. Mohr Siebeck, Tübingen.

Gigerenzer, Gerd (2006): Bounded and Rational. In R. J. Stainton (Ed.), Contemporary debates in cognitive science. Blackwell Verlag, Oxford, 115-133

Gigerenzer, Gerd; Selten, Reinhard (2002): Bounded Rationality: The adaptive Toolbox. MIT Pr, USA.

Gutenberg, Erich (1967): Die Unternehmung als Gegenstand betriebswirtschaftlicher Theorie. Sauer und Auvermann Verlag, Frankfurt.

Hillmann, Karl-Heinz (2007): Wörterbuch der Soziologie. 5. Auflage, Kröner Verlag, Stuttgart.

Kirchgaessner, Gebhard (2008): Homo Oeconomicus: Das ökonomische Modell individuellen Verhaltens und seine Anwendung in den Wirtschafts- und Sozialwissenschaften. 3. Auflage, Mohr Siebeck Verlag; Tübingen.

Kugler, Thomas (2007): Anlegerverhalten auf Kapitalmärkten: Unter besonderer Berücksichtigung moralisch motivierter Präferenzen. Grin, München.

Morton, Davis (2005): Spieltheorie für Nichtmathematiker. 4. Auflage, Oldenbourg, München.

O.V (2004): Gabler Wirtschafts Lexikon. 16. Auflage, Gabler, Wiesbaden.

Rapp, Hans-Werner; Jünnemann, Bernhard; Schellenberger, Dirk (2000): Psychologie für Börsenprofis. S. 76-108, Schäffer-Poeschl, Stuttgart.

Riesenhuber, Maximilian (2006): Die Fehlentscheidung. Ursache und Eskalation. Gabler Verlag, Wiesbaden.

Rudolph, Bernd (2006): Unternehmensfinanzierung und Kapitalmarkt. 1. Auflage, Mohr-Siebeck Verlag, Tübingen.

Scherzberg, Arno (2006): Kluges Entscheiden. Disziplinäre Grundlagen und interdisziplinäre Verknüpfungen. Mohr Siebeck, Tübingen.

Siegenthaler, Hansjörg (2005): Rationalität im Prozess kultureller Evolution. Mohr Siebeck, Tübingen.

Simon, Herbert A. (1982): Models of Bounded Rationality, 1. Auflage, The MIT Press, Cambridge.

Simon, Herbert A. (1996): The Sciences of the Artificial.3. Auflage, The MIT Press, Cambridge.

Sydow, Jörg; Schreyögg, Georg; Schauenberg, Bernd (2005): Institutionenökonomik als Managementlehre?: Managementforschung 15. Gabler, Wiesbaden.

Theil, Michael (2002): Versicherungsentscheidungen und Prospect Theory. 1. Auflage, Springer Verlag, Wien.

Voigt, Stefan (2009): Institutionenökonomik. 2. Auflage, UTB Verlag, Stuttgart.

Weber, Max; Sprondel, Walter; Seyfarth, Constans (1981): Max Weber und die Rationalisierung sozialen Handelns. Thieme Verlag, Stuttgart.

Wildmann, Lothar (2007): Wirtschaftspolitik: Module der Volkswirtschaftslehre. Oldenbourg, München.

Wiswede, Günter (2007): Einführung in die Wirtschaftspsychologie. 4. Auflage, UTB Verlag, Stuttgart.

Nicht publizierte Beiträge:

Frey, Bruno; Benz, Matthias (2001): Ökonomie und Psychologie: eine Übersicht.

Meier, Marco (2009): Seminar – Risikomanagement Workshop im Sommersemester 2009.

Roßbach, Peter (2001): Behavioural Finance - Eine Alternative zur vorherrschenden Kapitalmarkttheorie?.

Wang, Mei (2006): Prospect Theory in Behavioural Finance.

Zeitschriften:

Breuer, Wolfang (2008): Bounded Rationality, Right Offerings, and Optimal Subscription Prices. In: sbr 60 Juli 2008. S. 224-248.

Giersch, Herbert (1991): Die Moral der offenen Märkte. In Frankfurter Allgemeine Zeitung, Nr. 64, 16. März 1991, S. 13

Hart, Sergui (2005): Adaptive Heuristics. In: Econometrica 73 (5) September 2005. S. 1401-1430.

Kahneman, Daniel; Tversky Amos (1986): Rational Choice and the Framing of Decisions. In: The Journal of Business 59 (4, Teil 2) Oktober 1986. S.251-278.

Kleinginna, Paul. R.; Kleinginna, Anne. M (1981): A categorized list of emotion definitions, with suggestions for a consensual definition. In: Motivation and Emotion 5 (4) Dezember 1981. S. 345-379.

March, James G. (1978): Bounded Rationality, Ambiguity, and the Engineering of Choice. In: The Bell Journal of Economics 9 (2) Herbst 1978. S. 587-608.

Morecroft, John D. (1985): Rationality in the Analysis of Behavioral Simulation Models. In: Management Science 31 (7) Juli 1985. S. 900-916.

Simon, Herbert A. (1959): Theories of Decision-Making in Economics and Behavioral Science. In: The American Economic Review 49 (3) Juni 1959. S. 253-283.

Online Quellen:

Gigerenzer, Gerd; Todd, Peter M., ABC Research Group (1999): The precis of: Simple Heuristics   That   Make   Us   Smart.   http://www-abc.mpib-berlin.mpg.de/users/ptodd/SimpleHeuristics.BBS/, abgerufen am 2010-01-17.

Novy, Andreas; Jäger, Johannes (2005): Internationale politische Ökonomie. http://www.lateinamerika-studien.at/content/wirtschaft/ipo/pdf/theorien.pdf, abgerufen am 2010-01-17

O.V. (1978): The Sveriges Riksbank Prize in Economic Sciences in Memory of Alfred Nobel 1978. http://nobelprize.org/nobel_prizes/economics/laureates/1978/, abgerufen am 2010-01-17

Ockenfels, Axel (2005): Abschied vom Homo Oeconomicus. http://www.dw-world.de/dw/article/0,1564,1505080,00.html, abgerufen am 2010-01-17

Selten, Reinhard (2008): Süchtig nach Wissenschaft. http://www.faz.net/s/Rub2309A3DB4F3C4474B93AA8610A24AE0A/Doc~E76D7F82EB55 4489491989BE3E9051312~ATpl~Ecommon~Scontent.html, abgerufen am 2010-01-17

Simon, Herbert A. (2008): satisficing. http://www.dictionaryofeconomics.com /article?id=pde2008_S000013, abgerufen am 2009-12-19.

Young, Peyton H. (2008): learing and evolution in games: adaptive heuristics. http://www.dictionaryofeconomics.com/article?id=pde2008_A000256, abgerufen am 2009-12-19.

Zecha, Gerhard (2001): Rationalität heute – Vorstellungen, Wandlungen, Herausforderungen. http://www.itas.fzk.de/tatup/021/zech02a.pdf, abgerufen am 2010-01-17